AF396181

LA
QUESTION DE LA VEILLE

EST ENCORE

CELLE DU LENDEMAIN,

PAR

Paul de FRANCLIEU.

PARIS,

DENTU, LIBRAIRE, au Palais National.

— 1848. —

LA
QUESTION DE LA VEILLE

EST ENCORE

CELLE DU LENDEMAIN,

PAR

PAUL DE FRANCLIEU.

TARBES,

IMPRIMERIE DE F. LAVIGNE.

— 1848. —

LA
QUESTION DE LA VEILLE
EST ENCORE CELLE
DU LENDEMAIN.

Vers le mois de juin de l'année dernière, j'ai publié une brochure, sous le titre *du Présent et de l'Avenir*, dans le but de proposer d'approfondir la grande question électorale qui s'agitait alors, et d'en faire reposer la base sur le principe de l'association des intérêts semblables, au lieu d'aller la chercher dans des combinaisons plus ou moins spéculatives de cens et de capacité, qui prennent l'homme isolé comme élément principal. J'avais indiqué, plutôt qu'exposé, la nécessité d'abandonner un ordre d'idées et de principes qui n'ont apporté avec eux que le désordre et l'impuissance , et, à la fin de l'année, je m'étais disposé à développer mon système au moment où , pendant la session de 1848 , la chambre devait s'occuper sérieusement de la réforme.

Mon manuscrit est arrivé à Paris au milieu des évènements de février, qui ont amené la chute du déplorable édifice élevé en 1830. Dès-lors mon écrit ne pouvait plus conserver sa forme ; d'ailleurs bien des choses devenaient inutiles, puisqu'une révolution venait de terminer un régime de corruption et de décomposition qui ne pouvait durer plus long-temps sans avilir notre belle patrie.

C'est déjà un grand pas de fait vers l'avenir que d'avoir détruit à la fois la royauté bâtarde de Louis-Philippe et la loi électorale qui n'accordait la capacité d'élire qu'à ceux qui payaient deux cents francs d'impôt. Mais ce n'est pas tout ; ce n'est même que bien peu. Il est toujours facile de renverser : une révolution suffit pour cela. Il faut remplacer aujourd'hui ; il faut, au lieu d'un système dans lequel tout était contradiction, mensonge, privilége et fiction, élever un édifice qui repose sur des fondements solides, et qui puisse assurer à la société un avenir que chacune de nos secousses politiques compromet tous les jours un peu plus.

Le nouvel ordre social doit consacrer l'avènement de la démocratie. C'est là sa tâche; elle date de 1789, et, jusqu'à présent, nous ne serions pas plus avancés que le premier jour, si nous n'avions pour nous les graves enseignements que nous devons tirer de l'histoire de nos révolutions successives.

L'assemblée nationale et la convention ont essayé d'établir la démocratie comme base première. Elles n'ont réussi qu'à dé-

truire sans rien édifier; elles ont tout disposé pour une dictature qui, à la vérité,
nous a relevés un moment, mais qui a
passé comme un éclair. La restauration
n'a pas compris quelle était sa première
condition : celle d'organiser franchement
la démocratie. Son œuvre n'a duré que
trente-trois ans, avec elle ou sans elle.
Louis-Philippe n'a été qu'une conséquence
et une consécration de la loi électorale
qui prenait la classe moyenne pour point
d'appui. Cette loi étant en contradiction
manifeste avec le grand principe de l'É-
galité, il était évident que, un peu plus tôt
ou un peu plus tard, elle serait détruite
et remplacée.

Aujourd'hui la table est rase ; nous
n'avons plus d'autres obstacles à vaincre
que ceux qui résulteront des hommes,
de leur entraînement, de leurs passions,
et du défaut de raison qui est malheureusement trop commun chez les person-

nes qui s'occupent de politique plus pour elles que pour la patrie.

La révolution de 1848 ne peut pas se comparer à celle de 1830. Il y a une différence capitale entre les deux. La première a été faite pour conserver la loi électorale et la charte ; la seconde a déclaré, dès le premier jour, qu'elle ne voulait plus ni de l'une ni de l'autre. La révolution de Juillet a donc été une révolution de palais, tandis que celle-ci est une révolution sociale.

Jusqu'au 24 février dernier, le drapeau de l'opposition était la réforme électorale. C'était là ce qu'on s'accordait, dans toutes les nuances d'opinion, à regarder comme la première nécessité. On avait raison ; mais il s'en faut de beaucoup que la question fût envisagée sous son véritable point de vue, et qu'on sût d'avance quelle pourrait être la solution de ce problème auquel tout notre avenir est attaché. On s'en est fait une arme de destruction; c'est le bélier avec lequel on a battu en brêche un ordre de choses vermoulu et pourri, mais voilà tout. La question est donc tout entière avec ses innombrables difficultés, et, de plus, avec le mauvais vouloir qui s'est déjà produit chez ceux qui prétendent exploiter la position exceptionnelle dans laquelle nous nous trouvons pour imposer des théories plus ou moins inapplicables. On doit regretter que la question de la réforme n'ait pas été mûrement discutée sous le rapport pratique, avant les derniers évènements. Il en résultera probablement qu'on fera une mauvaise loi électorale, et qu'on préparera de nouvelles révolutions jusqu'à ce qu'enfin elle soit ce qu'elle doit être.

Il ne faut pas s'y tromper : la loi électorale est le fondement de tout l'édifice politique. Si elle est bonne, si elle est

en rapport avec l'état de la société , tout
est solide ; si, au contraire , elle est faite
au hasard , tout est abandonné à l'aven-
ture , et nous marchons à grand pas vers
la destruction. Mais nous ne pouvons
continuer à aller ainsi de ruine en ruine ,
sans nous exposer à un naufrage universel. La loi électorale est destinée à remplacer ce qu'était autrefois le système
féodal ; c'est elle qui concèdera les droits
politiques , et qui en règlera l'exercice.
Il est aujourd'hui une nécessité reconnue
par tout le monde : c'est que l'égalité
devant la loi doit exister en fait , et non
plus seulement en principe , comme cela
est arrivé jusqu'à présent. Ainsi , à l'avenir , la loi électorale doit appeler tout le
monde sans exception , au lieu de créer
des priviléges , qui sont incompatibles
avec la démocratie. D'un autre côté ,
cette loi , base essentielle de tout l'ordre
social , doit assurer par elle-même tou-

tes les conditions de régularité , de justice et de stabilité. Il faut donc qu'elle
inspire à chacun la volonté du bien, non-
seulement pour soi en particulier , mais
pour tous en général. Tels sont donc
les deux termes de la question : tous
pour point de départ ; l'avantage général
pour but.

On peut s'occuper de constitutions nouvelles ; on essaiera peut-être de mettre à
exécution quelques-unes des mille combinaisons différentes qui peuvent se produire dans un gouvernement , mais on
n'aura fait que préparer des commotions
fatales, tant que la loi électorale sera
mauvaise , soit dans son principe , soit
dans son application. Ce n'est pas à dire ,
pour cela, que la forme du gouvernement
soit indifférente , et que tel ou tel principe admis ne doive exercer une grande
influence sociale ; mais là n'est pas la difficulté réelle , car aucune espèce de gou-

vernement ne subsistera , qu'il s'appelle république ou monarchie, tant qu'il sera en dehors de la vérité électorale démocratique.

La vitalité des peuples est soumise à des principes généraux dont on ne peut s'écarter sans danger. Lorsqu'on les laisse de côté, une force majeure vient paralyser tous les efforts. Il s'agit aujourd'hui de savoir en quoi consistent ces principes, et comment on peut les appliquer. L'entraînement des circonstances peut les faire méconnaître un moment, mais nous ne sommes plus novices en fait de révolution. Bon gré, malgré, nous avons tous plus ou moins profité des leçons d'hier, et chacun veut consciencieusement arriver à la vérité, quelle qu'elle puisse être. Cherchons-la donc avec la ferme volonté de la trouver, et appelons tout le monde à descendre dans son for intérieur pour l'interroger sans passion ni prévention.

La société n'est pas possible si elle ne s'appuie également sur la force d'action et celle de direction, les seules qui puissent la soutenir.

Le grand malheur de notre temps a été de vouloir les réunir pour n'en faire qu'une. Ces deux forces doivent s'équilibrer, et assurer ainsi la marche de la société. Car, lorsque l'une des deux cède devant l'autre, ou qu'on arrive à les confondre, tout est arrêté dans l'ordre moral, et fait place à l'impuissance.

La force d'action réside dans la nation et lui appartient; c'est, pour elle, un droit inaliénable qu'elle exerce sous une forme ou sous une autre, suivant le degré de science sociale auquel elle est parvenue. On veut donner maintenant à cette force, un pouvoir absolu, sous le nom de souveraineté du peuple; mais, dans l'intérêt de la société, c'est lui faire dépasser les bornes de ce qui est possible, et cette souveraineté doit se renfermer dans les limites qui lui sont naturelles.

La force de direction est celle qui est remise entre les mains du Gouvernement, dont la mission est de conduire, de diriger, et qu'il peut seul remplir.

Lorsque la force de direction parvient à s'emparer de la force d'action, on arrive au despotisme d'un seul, ou à celui d'une classe privilégiée ; mais le despotisme n'étant jamais qu'un fait et une négation de principe, bientôt se produit une réaction qui détruit tout. Si, au contraire, la force d'action prédomine, elle ne tarde pas à compléter une anarchie qui vient prouver son impuissance à gouverner par elle-même. Il résulte de là une tyrannie vacillante des masses, qui imposent leur volonté au hasard, jusqu'au moment où elle est remplacée par celle d'un dictateur. Ainsi, dès que l'une de ces deux forces n'a plus le pouvoir de contrebalancer l'autre, la liberté disparaît.

Aujourd'hui la République est proclamée ; tout le monde, d'un commun accord, regarde la royauté comme impossible, et on veut tenter franchement l'essai d'une République fondée par la nation, et reposant sur des lois en rapport avec l'état actuel de la société. Pour ma part, j'ai salué la révolution de février avec bonheur, parce qu'elle nous a délivrés d'un régime ignoble dans lequel tout était faux et hypocrite. Ses tendances étaient diamétralement contraires au principe fondamental de l'égalité devant la loi, et nous allions nous perdre dans l'horreur d'une corruption qui lui était indispensable, et qui devenait chaque jour plus éhontée. Cette révolution est donc un bienfait du ciel ; mais elle entraîne nécessairement avec elle des dangers dont on ne calcule peut-être pas assez toute l'étendue. Elle a achevé de détruire le principe d'autorité, la force de direction, et malheureusement ce n'est pas en un jour qu'on peut la re-constituer.

Je n'hésite pas à le dire, jusqu'à présent je n'ai pas été républicain. Cette forme sociale m'a paru rendre plus difficile la solution nécessaire, indispensable, du grand problème que soixante années d'épreuves ont laissé encore tout entier : l'harmonie entre le pouvoir et la liberté, ou, en d'autres termes, l'établissement parallèle des deux forces d'action et de direction qui doivent concourir simultanément au même but ; la plus grande somme de bien-être moral et physique à donner à chacun de ceux qui composent la grande famille.

L'avenir nous apprendra bientôt si j'ai eu tort ou raison. Je ne prétends en aucune façon écrire un factum en faveur de telle ou telle monarchie ; je reconnais que les rois ne sont pas possibles aujourd'hui, et je sais combien il est hors de la portée humaine d'arrêter, ou même seulement d'entraver la marche des évènements, quand ils ont pris la gravité de ceux au milieu desquels nous nous trouvons. J'accepte donc la République, et je m'y rallie, dans ce sens que *République* veut dire la chose de tous et non celle d'un petit nombre, et qu'elle pourra réaliser sa devise, qui était déjà la mienne, *Liberté*, *Égalité*, *Fraternité*. Mais ce n'est pas tout que de vouloir ou d'accepter la République. L'assentiment unanime de toute la France ne lui donnera ni de la force, ni de la durée, si elle ne se place dans les grandes conditions essentielles qui peuvent seules assurer son existence.

Je viens d'indiquer ce qu'elles sont à mes yeux : un gouvernement existant par lui-même, et présidant à la direction de la société, d'une part ; de l'autre, une représentation sincère qui soit l'expression de toutes les forces sociales et prenant sa base dans une organisation qui doit comprendre l'universalité des citoyens. Hors de là, je dirai, parce que ma conscience m'en impose le devoir, pas de salut possible ; c'est une nécessité contre laquelle tout viendra se briser, par la raison qu'une vérité fondamentale est la même en tout temps et en tous lieux, et qu'on n'est jamais le maître de la laisser de côté.

Les républicains de la veille revendiquent hautement la mission de recomposer le gouvernement ; ils n'acceptent le concours d'aucun de ceux qui n'étaient pas des leurs avant la chute de Louis-Philippe. Courage donc, et vite à l'œuvre, vous qui avez appelé la République de tous vos vœux ; mais rappelez-vous bien que vous devez trouver un moyen simple et d'une exécution facile pour constituer le pouvoir dirigeant, en le faisant sortir de la souveraineté du peuple, mais par d'autres moyens que ceux qui serviront à l'établissement de la représentation nationale, de manière que l'un et l'autre puissent être complètement indépendants, chacun dans sa sphère d'action. Alors, mais seulement alors, l'avenir sera décidé et la république remplacera définitivement la royauté.

Pour moi, je laisserai la difficulté tout entière à ceux qui en ont assumé la responsabilité ; j'irai plus loin encore, je la regarderai comme résolue, pour n'avoir à m'occuper que de la question de l'organisation électorale, qui me paraît la plus importante, et qui demande du temps avant d'être suffisamment comprise.

Sous le nom de Gouvernement, j'entendrai donc la forme républicaine, telle qu'on pourra l'établir, sans avoir d'autre pensée que le désir profond d'être utile à ma patrie, que j'aime et que je préférerai toujours à tout, quand même je devrais lui sacrifier des convictions qui n'ont pour but que son bonheur et sa gloire.

Pour le moment, je supprime les deux premières parties de mon écrit, sauf à y revenir plus tard pour tout ce qui se rapporte à mon sujet. Elles était nécessaires il y a quatre mois ; elles le sont moins aujourd'hui ; et, d'ailleurs, ce serait rendre trop long un travail qui aura peut-être beaucoup de peine à se faire lire.

Parmi les républicains, il y a trois nuances principales dont les tendances sont bien différentes les unes des autres. Les premiers ne voient dans l'établissement d'une république que l'occasion d'obtenir ce qu'ils n'ont pas. Les seconds

entendent par cette forme politique , une
révolution en permanence , dans laquelle
tout est abandonné , ou subordonné au
bon plaisir des masses ; enfin les derniers
veulent arriver à une forme régulière de
gouvernement fondé sur des lois sages ,
et réalisant , en partie du moins , sa devise d'ordre et de liberté , ainsi que les
espérances qu'il a fait naître. Ceux-ci
n'ont pas autant d'énergie que les autres;
ils se laissent souvent entraîner et dominer , mais ils sont les plus nombreux.
C'est à eux que je m'adresse , car je me
place en dehors de ce qui aurait pu nous
diviser , et je dis que nous voulons , en
définitive , les mêmes résultats , puisque
nous cherchons le triomphe de la vérité
démocratique, qui doit ramener la France
aux conditions de grandeur et de prospérité qui lui sont indispensables , et qu'il
faut trouver. Lisez-moi donc sans vous
préoccuper de ce que vous regardez à tort

comme une tache indélébile , dont quelques-uns voudraient faire un motif d'exclusion absolue ; lisez-moi malgré l'insuffisance d'un talent trop au-dessous du but que je me propose , et, si je me suis trompé , je n'en aurai pas moins de droits à votre estime , parce que vous reconnaîtrez que le seul amour de la patrie me guide dans mes efforts.

Ici , je le répéterai , je n'entends traiter que la question électorale ; et, si je renvoie à ma première brochure , ce n'est pas pour rétablir , en sous-œuvre , une discussion terminée sur la forme politique , mais pour m'étendre le moins possible sur ce que j'ai déjà dit.

Paul de Franclieu.

24 Avril 1848.

[illegible]

[illegible]
[illegible]
[illegible]
[illegible]
[illegible]
[illegible]
[illegible]
[illegible]

[illegible]
[illegible]
[illegible]
[illegible]
[illegible]
[illegible]
[illegible]

[illegible]

[illegible]

DÉVELOPPEMENTS.

Dans l'exposition de notre proposition d'organisation, nous avons dit :

La loi électorale est plus qu'une loi ; c'est la constitution même de la société. La France est démocratique ; il faut que la loi électorale soit l'organisation de la démocratie. *(Le Présent et l'Avenir, p. 79.)*

La démocratie comprend toute l'échelle sociale et se résume dans ces mots : *tous les français sont égaux devant la loi. (Le Présent et l'Avenir, page 81.)*

Dès le moment que quelques-uns sont représentés, tous doivent l'être, tous ont un droit égal à concourir ; chacun pour sa part, à l'action de la société sur elle-même. *(Le Présent et l'Avenir, page 95 et suivantes.)*

Pour que chacun puisse exercer cette part d'action d'une manière profitable à tous , il faut quelle se produise par délégation , par élection.

Nul ne peut bien faire que ce qu'il sait, que ce qu'il comprend , que ce qui est en rapport avec ses habitudes ordinaires; comme conséquence, tout droit politique doit être relatif à ce que fait , à ce qu'est l'homme.

L'élection ne peut avoir de bons résultats qu'en réunissant les intérêts semblables , et en assimilant tout ce qui a des tendances analogues.

Le droit politique n'est pas une propriété particulière dont l'homme puisse user et abuser suivant sa volonté. C'est encore moins une compensation aux charges que la société fait peser sur lui. Le droit politique n'est pas seulement un droit, il est surtout un devoir. C'est l'obligation imposée à tout citoyen d'apporter à la chose publique , dans l'intérêt général, le tribut de ses lumières et de

sa volonté, soit pour fournir au Gouvernement la part de moyens qui lui est
nécessaire, soit pour aider à réprimer, à
redresser tout ce qui n'est pas dans des
conditions normales.

Plus la loi accordera des pouvoirs in-
définis à l'électeur, moins elle sera bonne : plus elle lui tracera sa limite d'action, plus elle lui fera comprendre qu'elle
doit avoir la société pour but principal,
plus elle aura de bons résultats.

L'intérêt est le plus grand mobile de
l'homme ; il faut l'obliger à bien faire en
lui faisant trouver son avantage particulier dans l'avantage général, parce qu'il
rapporte presque toujours tout à lui et
aux siens.

Par exception, on a vu quelques exem-
ples d'un dévouement assez grand pour
sacrifier tout à la patrie, mais ce serait
une folie que d'attendre des masses une
semblable abnégation. Lorsqu'elles seront

en pleine possession d'une action sur le pouvoir , elles la feront servir à ce qu'elles croiront leur être le plus utile. Mais, n'étant pas , et même ne pouvant jamais être suffisamment éclairées sur leur véritable intérêt , elles se laisseront facilement égarer , et prendront toujours la passion pour la raison, toutes les fois que leur initiative ne sera pas à leur portée , et déterminée d'une manière précise. Alors elles se lanceront dans le vague de l'espoir ou de l'inconnu , qui ne précède que de bien peu les éruptions volcaniques des révolutions. Si , au contraire , cette action est en rapport avec leurs facultés , si l'expérience leur apprend qu'elle peut améliorer leur sort , elles s'y attacheront de plus en plus, et seront à l'abri de toute séduction dangereuse.

On ne parviendra jamais à faire comprendre aux masses quel est leur véritable intérêt , tant qu'elles ne seront composées que d'hommes agissant individuellement ; par la raison que l'intérêt de l'un n'est pas celui de l'autre, et que chacun veut pour soi, souvent même aux dépens de son voisin.

L'association a des résultats tout opposés, en ce sens qu'un avantage est toujours partagé ; qu'ainsi vouloir pour soi, c'est vouloir pour tous les associés.

Pour associer les hommes dans un but de représentation politique, on ne peut raisonnablement réunir que ceux dont les intérêts sont semblables. Alors ils s'appuient les uns sur les autres, et se servent mutuellement de garantie. S'ils diffèrent de manière de voir, ils n'en savent pas moins qu'ils ont un but commun qui les porte naturellement à s'éclairer et à s'entendre, et qui éloigne toute idée d'hostilité.

La société est l'homme en grand, c'est une intelligence servie par des organes.

Les organes n'obéissent qu'à la condition d'être toujours maintenus dans leur position normale ; et, toutes les fois qu'on les abandonne ou qu'on les néglige, ils font entendre une voix qui ne peut être méconnue. (*Le Présent et l'Avenir* , page 88.)

Par intelligence sociale, nous avons entendu le gouvernement ; par organes , les intérêts généraux embrassant tous les intérêts particuliers qui s'y rattachent. Le gouvernement et les organes doivent avoir une forme sensible , un corps qui leur appartienne; il faut donc qu'ils soient organisés.

Telles sont les principales considérations sur lesquelles nous nous sommes appuyés pour formuler notre système social. A nos yeux elles sont incontestables, et nous les regardons comme devant servir de base à tout projet de loi électorale.

Nous n'avons pas voulu donner place, dans notre plan de réforme, à une représentation quelconque de l'opinion, parce que celle-ci est insaisissable, et que jamais personne ne pourra réellement représenter que la sienne propre. Comment, en effet, représenter une opinion, lorsque chacun a sa manière particulière d'envisager ou d'apprécier les choses ? Etes-vous d'accord sur un point, cela se peut, mais vous différez sur tout le reste ? Il faudrait donc avoir autant de représentants qu'il y a de choses à décider ? Les résultats obtenus jusqu'à présent prouvent d'ailleurs combien tout est faux, incertain et mobile avec elle. Sous l'empire de la dernière loi, l'opinion devait guider dans le choix des députés ; et, cependant, comment avait-on fini par l'entendre ? n'était-ce pas le plus ou moins de places à donner, de faveurs ministérielles à répandre, qui assurait la nomination dans la plupart des colléges ?

Quand même le député représenterait réellement l'opinion de la majorité des électeurs, il y aurait encore abus de la force envers la faiblesse, contradiction avec le principe de l'égalité, et, partant, injustice criante ; car jamais la minorité ne pourrait avoir d'organes. Admettez que telle ou telle opinion soit celle du plus grand nombre ; à côté d'elle, il y aura toujours une opposition composée de nuances différentes, qui, réunies, atteindront presque le chiffre de la majorité. Dans la composition des colléges électoraux, sous le régime ignoble qui vient de se terminer, est-ce que les députés ministériels représentaient beaucoup plus de la moitié des électeurs inscrits ? N'en résultait-il pas que les deux cinquièmes, au moins, de ceux-ci étaient réduits à l'état d'ilotes, et que pour eux, le droit de voter n'était qu'une illusion ? Bien plus, le député nommé les regardait comme des ennemis, et favorisait ses commettans le plus qu'il le pouvait, même au détriment des autres.

Le Gouvernement provisoire a fait un appel général à tous les Français pour l'élection des membres qui doivent composer la Représentation Nationale. Il n'avait pas le choix à cet égard, et il était forcé d'avoir recours soit au vote direct, soit au vote à deux degrés. Il s'est décidé pour le premier, malgré les immenses difficultés d'exécution qui en résultent. C'est encore l'opinion qui doit prévaloir ; mais quels sont les moyens employés pour la diriger et obtenir une manifestation en rapport avec la forme décrétée le 24 février dernier ? A défaut de corruption, le Ministre de l'intérieur du Gouvernement provisoire n'a-t-il pas eu recours à tous les moyens possibles d'intimidation ? N'a-t-il pas soulevé l'indignation de tous les honnêtes gens, par des circulaires qui sont à elles seules un crime épouvantable de *lèse-nation* ? N'a-t-il pas déclaré que, malgré l'opposision qu'il rencontrait parmi ses collègues, il ne reculerait devant aucun obstacle pour arriver à son but, lors même que l'Assemblée Nationale ne partagerait pas ses vues, et qu'il faudrait avoir contre elle recours à l'émeute de la rue ? Est-ce donc là de la liberté et de l'égalité ? C'est plutôt un crime de sa part ; mais aussi, en même temps, il est juste de reconnaître qu'il ne pouvait agir différemment, parce qu'il s'adressait à l'opinion, et que, lorsqu'on veut la diriger, on ne peut employer que deux moyens : la corruption ou la violence. La corruption est usée, reste donc la violence. La violence ! et cela lorsqu'on a pris pour devise *Liberté*, *Égalité* ! lorsqu'on proclame en principe que le Peuple est *souverain* ! Qui peut donc espérer qu'un pareil système ait la moindre chance d'avenir ?

L'élection à deux dégrés n'aurait pas présenté moins d'inconvénients dans son application. L'intimidation aurait encore été nécessaire pour obtenir des choix uniformes, par la raison qu'il aurait fallu influencer l'opinion. Dailleurs, dans les réunions d'électeurs chargés par leurs concitoyens de nommer les députés, comment s'entendre pour réunir les voix sur les mêmes candidats ? Comment espérer que chacun aurait fait taire ses préventions, ses exclusions et ses prétentions ? Est-ce qu'il n'aurait pas été indispensable de convoquer les colléges électoraux d'avance, de les transformer en assemblées délibérantes, afin de décider par la discussion quels seraient les principes admis et les noms préférés ? Soit neuf cents assemblées, où tout au moins quatre-vingt-six, une par département, dans lesquelles on aurait agité toutes les questions et passé en revue toutes les formes possibles de gouvernement, sans rien approfondir. Qui donc ne voit une guerre civile acharnée, à la suite de ces débats partiels qui auraient porté la confusion à son comble ?

Pourquoi donc, en dernière analyse, le ministre *Ledru-Rollin*, si grand partisan, naguère, de la liberté poussée à ses dernières limites, veut-il imposer, quand même ; une volonté à la Nation, alors qu'au contraire, il devrait attendre qu'elle eût manifesté la sienne pour s'y soumettre, lui et tous? C'est parce qu'il s'adresse à l'opinion, et qu'il est obligé de la faire là où elle n'est pas conforme à ce qu'il voudrait ; c'est parce qu'il ne comprend pas qu'elles sont les nécessités sociales, et qu'il confond encore la force qui détruit avec le pouvoir qui organise et relève. Comme tous ceux qui l'ont précédé, il n'est pas à la hauteur des évènements; et on peut lui prédire que, s'il parvient un moment à égarer l'opinion publique, elle ne tardera pas à lui échapper, par cela même qu'il prétend la dominer, et que le jour où elle se tournera contre lui, il sera bientôt renversé. C'est le sort de tout ce qui est exclusif; cest l'histoire de la restauration, celle de Louis-Philippe; ce sera la conclusion de la République pour peu qu'elle veuille suivre obstinément un ordre d'idées qui a entraîné la chute de tous les pouvoirs politiques depuis soixante années.

Aujourd'hui, surtout, que toute loi de privilége est effacée de nos codes, ce serait aller contre le bon sens le plus vulgaire que de s'adresser encore à l'opinion. On a inscrit partout les mots de *Liberté*

et d'*Égalité.* Seraient-ils autre chose
qu'une amère dérision si une partie quelconque de la France pouvait imposer sa
volonté au reste des citoyens? Il y aurait
alors domination du plus fort vis-à-vis du
plus faible : partant, exploitation des
uns par les autres. Nous n'en voulons
pas !...

Si, au contraire, l'élection laissait
toute opinion de côté, si on lui donnait
un but déterminé, se rapportant à un
intérêt collectif, il n'y aurait plus d'exclusion pour personne, et le député représenterait réellement tous ceux qui
seraient appelés à le nommer.

D'un autre côté, l'opinion est essentiellement variable, parce qu'elle n'est
approfondie et raisonnée que par un très-
petit nombre de personnes. Pour une
qui se rend compte de ce qu'elle dit et
pense, il y en a mille qui ne se ba-
sent sur rien de fixe, et qui n'ont de

couleur que parce qu'elles la reçoivent
toute faite de leur entourage ou de me-
neurs plus ou moins bien intentionnés.
Pour une dont la manière de voir est
sage, raisonnable et possible, il y en a
mille qui n'ont pas le sens commun.
Avec de semblables éléments, on n'arrivera jamais à constituer que la confusion
et l'absurde.

Nous dirons donc : l'opinion ne se représente pas, elle se produit ; et la presse
est son organe naturel, parce qu'elle lui
conserve son caractère propre, qui est
l'individualité.

Dans toutes les lois électorales que l'on
a mises en pratique, ou qu'on a proposées, il y a un côté faible qui suffirait
pour les faire rejeter. Elles accordent toutes à l'électeur un droit immense : celui
d'être représenté par un député revêtu
d'un pouvoir en quelque sorte dictatorial;
mais, aussitôt l'élection faite, le député

devient tout, et l'électeur n'est plus rien.
De fait, l'exercice du droit de représentation, droit qui appartient à la Nation,
est concentré dans un petit nombre d'élus
dont le chiffre varie entre cinq cents et
mille pour une population de trente-six
millions d'habitants. Ils sont nommés
pour cinq ou sept années, pendant lesquelles ils sont revêtus d'un pouvoir illi-
mité et d'une action irresponsable, tandis que les électeurs figurent tout au plus
sur une longue liste de noms.

Cette distance énorme, qui sépare l'é-
lecteur du député, est une inconséquence
manifeste, en présence du principe de la
représentation ; elle est un contre-sens
nécessité par la fausse appréciation de la
capacité électorale.

Le député n'est autre chose qu'un délégué, qu'un avocat chargé de plaider une
cause collective , un fondé de pouvoirs
dont la fonction est surtout de réclamer

et de consentir. Il devrait donc être en rapports de tous les jours avec ceux qui le nomment, recevoir leurs instructions, leur rendre compte de tout, et se voir approuver ou blâmer suivant ses actes. On dit à cela, que la responsabilité se trouve dans la future réélection, et que, si le député ne remplit pas le but qu'on s'est proposé, il ne dépend que des électeurs de le remplacer par un autre ; que si le député était arrêté à chaque pas qu'il fait, par les délibérations de son collége électoral, il serait paralysé dans son action politique, et la chambre deviendrait impuissante.

Ces raisons avaient certainement leur valeur sous l'empire de la dernière loi, mais en même temps elles démontrent combien le système représentatif était mal compris et mal appliqué. En théorie, la réélection était la garantie ; on y avait même astreint tous ceux qui recevaient une fonction nouvelle du gouvernement; en pratique, elle était devenue une preuve évidente de l'insuffisance de la loi, puisque l'expérience de chaque jour a démontré qu'un député de l'opposition pouvait être réélu avec augmentation de voix, au moment précisément où il passait au minstère. N'avons-nous pas vu un grand nombre d'*honorables* s'immobiliser dans leurs colléges malgré leurs capitulations de conscience ou leur nullité, passer leurs fonctions administratives à leurs enfants, et disposer de la députation en leur faveur, comme si elle était une propriété particulière ? C'était là du savoir faire, peut-être, mais, à coup sûr, c'était dénaturer complètement le droit de représentation.

Ainsi, dans toute la durée de son existence politique, un électeur pouvait être appelé dix ou douze fois, au plus, à user de son action représentative. C'est

à cela que se sont bornés tous les préten-
dus droits politiques qu'il a cru exercer.

Une action aussi restreinte n'aurait
pas valu tout le bruit qu'on en a fait, et
les électeurs ne s'en seraient pas conten-
tés, si, par compensation, ils n'avaient
trouvé le moyen d'en faire le point de
départ de toutes les faveurs ministérielles. L'électeur, en général, s'est contenté de ne voter que tous les cinq ans,
parce que le vote était une fonction politique qui ne lui importait guère; mais
à la condition que, pendant toute sa vie,
il se servirait de la peur du scrutin pour
obtenir tout ce qu'il voudrait.

Dès qu'une loi électorale amène de
semblables résultats dans la pratique or-
dinaire, elle est condamnée à ne faire
que du mal, et à disparaître bientôt,
parce qu'elle consacre un abus monstrueux. On ne saurait jamais trop dire et
trop faire pour la détruire, par la raison

qu'un homme isolé ne peut jamais être appelé à exercer un droit politique qui le mette à même de tout rapporter à son avantage particulier, quel que soit le tort qu'il puisse faire à la société en général. Telle est pourtant la conséquence logique et inévitable de l'indépendance absolue de l'électeur sous le rapport du vote. Il faut donc que la nouvelle loi lui retire tout ce qu'il peut y avoir de nuisible dans ce libre arbitre absolu, puisqu'en principe, il ne peut y avoir de droits politiques que pour arriver à la manifestation du bien et du vrai social. S'il pouvait en être autrement, à l'avenir, le gouvernement représentatif devrait se définir en ce peu de mots : *exploitation de la société par les plus habiles*. A ce titre, il ne serait plus qu'une domination farouche et sanglante, ou une immense corruption, bientôt réduite à l'impuissance par une décomposition tous les jours plus rapide et plus irremédiable ; à ce titre , il deviendrait l'opprobre du genre humain.

Pourquoi veut-on, partout aujourd'hui, substituer le Gouvernement représentatif aux anciennes formes sociales ? En quoi consiste-t-il , et quel est son but ?

Ces questions demandent à être bien comprises avant de développer une proposition quelconque, de réforme. Il faut s'en rendre compte parfaitement, sous peine de ne pas arriver au véritable gouvernement représentatif, de n'en avoir que les inconvénients , et , par suite , d'aggraver encore le triste état dans lequel nous sommes tombés.

Ce n'est pas leur volonté seule qui pousse les hommes à réclamer les formes du gouvernement représentatif ; c'est la force des choses qui domine tout sur la terre, et qui ramène invariablement vers ce qui doit être. La féodalité était une forme sociale représentative en rapport avec son temps, et dans laquelle les seigneurs étaient, en principe, les représentants-nés d'intérêts collectifs. Ils soutenaient ces intérêts en vertu de leur droit, et leur action politique et sociale était indépendante du gouvernement. C'étaient eux qui composaient la nation politique et officielle, comme les électeurs d'hier formaient le pays légal; et leurs priviléges étaient ce qu'on appelait, il y a peu de jours, les libertés publiques. Tant que la féodalité a été indépendante du pouvoir des rois, la société a marché et s'est développée; mais, en vertu de la loi naturelle qui veut que toute forme sociale finisse par vieillir et s'user, peu à peu cette organisation s'est affaiblie. Elle a permis alors au pouvoir royal de s'emparer successivement de toutes les attributions politiques qui lui appartenaient, et qu'elle n'avait plus la force de conserver. Il en est résulté que le gouvernement s'est trouvé nanti de la force de direction qui lui est propre , et de celle d'action qui est celle de la société sur elle même , c'est-à-dire que le pouvoir est devenu absolu , dans ce sens qu'il a tout concentré entre ses mains. Mais ce pouvoir absolu , comme nous l'avons dit , ne peut jamais parvenir à se soutenir par lui-même au-delà d'un temps très-limité , parce qu'il est contre nature ; aussi a-t-il dû , à son tour , disparaître à la première crise, pour laisser à la société la possibilité de revenir aux conditions constitutives qui lui sont indispensables. Par conséquent , la tendance générale des peuples vers les gouvernements représentatifs n'est pas un fait nouveau ; c'est une nécessité de leur existence : nécessité qui sera la même à toutes les époques de transformation , et qui est , en même temps , une condition absolue de leur durée. Tout ce qui peut les éloigner de ce résultat est contraire à la loi naturelle et providentielle, et doit disparaître, tandis que tout ce qui peut y concourir est destiné à prendre des forces et à devenir élément social.

Dans cet ordre d'idées, on s'explique facilement pourquoi les différents peuples de l'Europe ne sont pas également avancés ; pourquoi l'Angleterre a paru précéder toutes les autres nations, tandis que c'est elle, au contraire, qui arrivera la dernière au nouvel ordre de choses qui s'établira partout. Cela tient à ce que la féodalité a résisté davantage dans certains pays, et à ce que, en Angleterre, l'aristocratie, au lieu d'être dominée par le pouvoir royal, s'est emparée de presque toutes ses attributions. De pouvoir d'action qu'elle était, elle s'est transformée en pouvoir dirigeant, car la royauté n'y est qu'une chose de forme, sans valeur aucune.

Le but principal de la forme représentative est de faire contribuer chacun à l'avantage général, et de maitenir l'harmonie sociale en opposant une barrière infranchissable à la domination exclusive d'un petit nombre, au détriment des masses; en second lieu, de conserver aux peuples toute leur dignité, qui disparaît lorsqu'ils sont étrangers à tout dans l'État.

Le gouvernement représentatif est la conséquence de l'imperfection humaine qui ne permet à qui que ce soit d'être universel dans l'intelligence, dans le pouvoir et dans la volonté du bien. Il est donc destiné à compléter l'homme par l'homme, et à faire un seul tout, une unité, de ce qui est un peuple entier.

Ici nous ferons remarquer que toutes nos révolutions successives ont été nécessaires, et que nous en subirons immanquablement de nouvelles jusqu'au jour où nous aurons atteint le véritable but du gouvernement représentatif.

En quoi donc le véritable gouvernement représentatif doit-il consister ?

La solution de cette question est le sujet de toutes nos expériences constitutionnelles. Chacun l'envisage à sa manière, et, pour presque tout le monde, la vérité est encore un problème qui paraît insoluble. Cependant, il nous semble que le passé est un guide certain pour nous mettre sur la voie, et qu'il n'y a qu'à réfléchir et comparer pour la trouver.

L'assemblée nationale, dite constituante, s'est emparée de tous les pouvoirs sociaux qu'elle a prétendu reconstituer pour régénérer la France. Elle a tout détruit, et son œuvre informe n'a pu subsister au-delà de six mois. On doit même dire que la constitution qu'elle

a laissée après elle, était morte avant
d'avoir vécu; car on ne peut donner
le nom de gouvernement à ce qui s'est
passé pendant la session de l'assemblée
législative. L'anarchie la plus complète
s'était étendue d'un bout à l'autre de
la France, et bientôt la monarchie a
rendu le dernier soupir, laissant la société livrée à elle-même, sous l'empire
du seul principe de la souveraineté du
peuple. Le triomphe de ce principe
devait, disait-on, amener et assurer le
régime de toutes les libertés possibles.
Le premier résultat a été la domination
de la convention par une minorité composée d'un petit nombre de monstres, qui
ont couvert le sol de la Patrie de sang et
de ruines. Renversés, à leur tour, parce
qu'ils ne s'appuyaient que sur la guillo-
tine et sur la terreur, on a essayé la
constitution directoriale. On reconnais-
sait forcément la nécessité d'enlever à la

représentation le pouvoir exécutif que nous désignons sous le nom de force de direction. Le directoire était ainsi organisé : ses membres étaient nommés par les chambres, et leur mission devait durer cinq ans. Néanmoins, ils n'ont pu arriver jusqu'au bout de leur carrière ; et un général, qui avait sauvé la France par son génie, est venu se substituer, de son autorité privée, à ce pouvoir exécutif qui dégradait la société et le nom français.

Dans l'intervalle de la convention au consulat, les directeurs avaient été forcés de recourir aux proscriptions et à la déportation d'une partie de la représentation nationale, pour éviter d'être renversés et détruits par elle. Le général Bonaparte, d'abord consul pour un an, s'est fait nommer, par sa seule volonté, consul pour dix ans, consul à vie, puis enfin empereur. Chaque transformation de son autorité a nécessité des modifications dans la constitution, si bien qu'en définitive il n'y eut plus de pouvoir que le sien. Alors, cette souveraineté du peuple, sur laquelle il avait osé s'appuyer lorsqu'il fit approuver son usurpation par des signatures, n'exista plus, même de nom ; et il n'y eut plus, en France, qu'un seul homme, grand, à la vérité, par son génie, par ses victoires et par les services rendus.

Cette période de ving-cinq années, de 1789 à 1814, renferme de graves enseignements que nous n'avons pas su apprécier, et dont nous ne voulons pas reconnaître la portée. On ne veut y trouver qu'une succession de faits produits par le hasard, tandis qu'il y a un enchaînement logique résultant du premier point de départ.

Nous y reconnaissons, nous, que le pouvoir royal est impuissant et impossible dès le moment qu'on le fait reposer sur la souveraineté du peuple ; nous voyons cette même souveraineté livrée à elle-même , réduite aux dernières extrémités , ne pouvant se soutenir ni contre l'étranger, ni contre la France, ni contre elle-même, obligée d'accepter avec reconnaissance la dictature , d'abord temporaire d'un soldat , et forcée bientôt de rentrer dans le néant par une volonté qui n'était pas la sienne ; nous voyons enfin que, lorsqu'une chambre élective n'a pas à côté d'elle un pouvoir indépendant et protecteur , elle ne peut se défendre contre les entreprises de la rue , et que la majorité est toujours dominée par la force brutale.

N'y a-t-il pas là une preuve-évidente que toute représentation sociale est inhabile et incapable, lorsqu'elle veut constituer, à elle seule, le principe de l'autorité supérieure , puisqu'elle n'a pu, en aucune circonstance , maintenir les pouvoirs qu'elle avait créés, et qu'elle a disparu devant celui qui s'est imposé ? N'y a-t-il pas une égale preuve qu'une chambre élective ne peut se passer d'un pouvoir existant par lui-même, qui la protége contre le dehors , et qui fasse exécuter les résolutions prises en commun ?

Il ne faut pas dire que nous tirons des conséquences forcées d'un ordre de choses exceptionnel, et que ce qui est arrivé de 1789 à 1804 , est résulté d'une inexpérience presque complète de la part des hommes qui ont dû appliquer des principes nouveaux à la société. On se tromperait grandement. En effet, si nous voulons nous reporter aux causes qui ont amené la chute des républiques grecques et romaine , nous verrons qu'elles sont identiquement les mêmes , et qu'elles tiennent à ce qu'on est arrivé à confondre

les deux forces d'action et de direction
pour n'en plus faire qu'une. Toutes les
républiques de l'antiquité ont adopté une
forme semblable dans son principe : un
sénat dirigeant, et un peuple acceptant.
Dans la république romaine, tant que le
sénat a été pouvoir dominant, l'organisation a été bonne et la société a marché;
à mesure que le peuple romain s'est em-
paré des attributions de direction, le désordre et l'anarchie sont venus préparer
des guerres civiles qui ont amené des
dictatures de plus en plus longues; enfin,
à partir du moment où le peuple a pu
imposer toutes ses volontés sans que le
sénat y participât librement, la république s'est transformée sans retour,
parce que le peuple ne pouvait se diriger
lui-même. Le principe de la souveraineté
absolue du peuple n'est donc pas nouveau ; c'est celui qui a présidé à la destruction de la liberté, toutes les fois qu'il

a été le plus fort et qu'il a refusé d'admettre à côté de lui une autorité indépendante.

L'histoire de 1814 à 1848 n'est pas moins féconde sous le rapport des leçons que nous pouvons y puiser.

Les évènements sont toujours logiques dans leur succession. L'empereur n'avait d'autre droit à nous gouverner que celui de la victoire; sa défaite a sonné l'heure de sa chute. Les Bourbons sont revenus par la force majeure des circonstances, et leur retour a sauvé la Patrie d'un morcellement qui était dans les vues de la coalition triomphante. Ils auraient pu fonder un établissement d'une durée indéfinie s'ils avaient compris la nécessité d'organiser la force d'action de manière à la mettre en harmonie avec la force de direction qui était entre leurs mains.

Les circonstances n'étaient pas favorables ; les esprits étaient divisés , et personne ne comprenait encore bien l'impossibilité d'un retour aux anciennes idées. Les uns croyaient qu'il n'y aurait de salut que dans l'affermissement exclusif du pouvoir royal ; les autres, au contraire, effrayés de cette tendance fâcheuse, refusaient à la couronne l'exercice des prérogatives qui étaient les plus essentielles dans l'intérêt de la société et dela liberté. Tous se trompaient également, par la raison que le pouvoir ne pouvait plus se soutenir que par la liberté et par l'égalité, de même que la liberté et l'égalité n'existeront jamais tant qu'un pouvoir reconnu et indépendant ne sera pas là pour les protéger et les défendre. Il est résulté de cet antagonisme que la France s'est divisée en deux grands partis : l'un, celui de l'autorité, l'autre, soi-disant celui de la liberté, qui se sont regardés comme des ennemis inconciliables.

Une autre cause venait encore ajouter aux difficultés du moment. La classe moyenne s'était rapidement développée depuis 1789 ; elle était en possession de tous les emplois, et, malgré le principe de l'égalité, elle ne vit pas sans un immense déplaisir que tous ceux qui avaient appartenu à l'ancienne noblesse réclamaient une part d'influence sociale, part qu'il était juste de leur accorder, et qui ne pouvait être prise qu'au détriment des détenteurs d'alors. La classe moyenne ne put en prendre son parti ; et, en haine de ceux qui excitaient son antipathie, elle crut n'avoir rien de mieux à faire que de se tourner contre les Bourbons, qui regardaient les rejetons des anciennes familles comme des Français, et qui ne pouvaient partager des rancunes fondées sur la jalousie, l'égoïsme et l'amour-propre. Il n'en fallut pas d'avantage pour qu'elle voulût exclure la légitimité, dans l'espoir de faire disparaître en même temps tout ce qui avait appartenu à l'ancien régime. En haine de la noblesse, qui était royaliste, en général, elle devint donc libérale, sauf à prouver plus tard, lorsqu'elle serait maîtresse de tout, dans l'état, combien ses tendances seraient incompatibles avec la liberté.

Ces différentes raisons entretenaient de l'irritation dans les esprits. Elles ne permirent pas d'approfondir la question électorale, qui fut résolue dans le sens doctrinaire, malgré le désir des royalistes éclairés d'appeler l'universalité des citoyens au droit de représentation, par un vote à deux degrés. Dès-lors, la capacité électorale devint un privilége réservé exclusivement à ceux qui pourraient payer trois cents francs d'impôt, comme si un impôt, quel qu'il soit, pouvait être une garantie d'ordre, de savoir et de patriotisme.

Cette loi électorale était une loi de privilége, puisqu'elle mettait entre les mains d'un petit nombre le droit de disposer de toutes les libertés et de tout l'avenir de la France. Elle etait une négation complète du principe de l'égalité devant la loi ; elle ne devait donc se soutenir qu'à l'aide d'un échaffaudage politique contre nature et, par cela seul, d'une durée bien incertaine.

La classe moyenne, qui composait l'immense majorité des électeurs, ne tarda pas à chercher dans cette loi le moyen de s'emparer de toutes les attributions exécutives et représentatives. A l'aide de la fameuse maxime : *le roi règne et ne gouverne pas*, elle provoqua la révolution de 1830, afin d'avoir un roi qui ne fût quelque chose que par elle et pour elle. Elle appela le principe de la souveraineté du peuple à son secours ; et le roi fut bientôt renversé.

Sans doute Charles X aurait pu se soutenir un temps plus ou moins long, à l'aide des moyens qu'on a employés depuis ; mais il avait le tort de vouloir être le roi de toute la France, et non, celui d'une partie seulement des Français. Il ne comprit malheureusement pas que la première condition pour arriver à ce but, serait une organisation destructive de toute loi de privilége. Il s'est trompé, malgré les meilleures intentions, et il a rendu nécessaire une série de révolutions qui ne sera terminée que lorsque l'expérience aura démontré victorieusement où se trouve la vérité sociale.

Le roi élu comprit immédiatement qu'il ne pouvait se soutenir que par la classe moyenne, en lui accordant tout ce qu'elle pouvait vouloir. Il commença donc le lendemain de la révolution le système de corruption qui était le seul qui pût le soutenir. Mais il ne suffit pas de

vouloir une chose pour en assurer la durée. Une fois admis , le principe de la
souveraineté du peuple devait réagir jusqu'à ce qu'il eût détruit ce qu'il avait si
mal édifié. Dix-huit années ont été nécessaires pour arriver à ce résultat. La
crainte des révolutions , le désir de conserver des positions acquises , la terreur
des misères qui se produiraient au moment
de la crise , ont été des raisons puissantes
pour maintenir les choses dans l'état où
elles se trouvaient ; mais rien n'était ca-
pable de lutter contre la force d'impulsion qui entraîne tout bon gré malgré.
La loi électorale étant contre nature , la
corruption devenant le seul moyen possible de gouvernement , il était évident
que le moindre évènement suffirait pour
réduire en poussière un ordre de choses
aussi vermoulu que monstrueux.

La chute de Charles X, celle de Louis-
Philippe, proviennent donc toutes les deux

de ce que la loi électorale n'était pas en rapport avec le principe fondamental de la société. Il en sera de même à l'avenir pour tout pouvoir, ou pour toute forme politique qui ne sera pas la consécration de l'égalité absolue des citoyens, sans exception, sous le rapport électoral. De nouvelles révolutions seront encore nécessaires, tant qu'un homme ou un parti voudront imposer une volonté, expression d'une opinion, au lieu d'être celle qui résultera de l'ensemble de tous les intérêts.

Ainsi, l'expérience de ce que nous avons fait, de ce que nous sommes devenus depuis 1814, nous apprend que le pouvoir exécutif et le pouvoir électif ou la chambre, doivent exister par eux-mêmes, sous peine d'une rivalité qui entraîne la ruine de l'un ou de l'autre, quelquefois des deux ; qu'une représentation partielle de la France, qu'une représentation, quelle qu'elle soit , de l'opinion , rend impossible tout espèce de gouvernement , qu'il soit fondé en vertu de son droit , ou qu'il ait été nommé par une chambre élective; que , pour se soutenir un moment , le pouvoir est obligé d'avoir incessamment recours à ce qu'on a appelé l'abus des influences , abus qui devient la règle générale, et qui, par sa pente naturelle, entraîne à sa suite tous les malheurs , toutes les misères , toutes les dégradations, jusqu'au moment où la réaction doit se produire.

Maintenant que des principes et des faits sont établis , reprenons la question pour la résoudre d'une manière logique et conforme aux leçons que l'histoire nous donne.

En quoi consiste donc le gouvernement représentatif ?

Le gouvernement représentatif se compose des deux éléments : le pouvoir exécutif et le pouvoir de la Nation sur elle-même, par ses élus. Ces deux éléments doivent exister l'un pour l'autre, se prêter un mutuel appui, et se donner une force qu'ils ne pourraient avoir séparément. En même temps, ils doivent être essentiellement indépendants l'un de l'autre, dans la sphère d'action qui leur est propre, et vivre dans les conditions d'une existence tellement assurée et complète, qu'ils soient à l'abri de toute tentative d'usurpation de l'un sur l'autre.

Ainsi, le pouvoir exécutif doit être inébranlable dans sa base constitutive, comme la représentation, dans son action toujours militante en faveur des intérêts sociaux.

Ainsi, la représentation ne pourra pas plus avoir le droit de créer ou de renverser le gouvernement, que le pouvoir exécutif n'aura celui de modifier, d'annuler ou d'entraver l'action de la société.

Ainsi, la limite d'action de tous les deux doit être nettement tracée et définie, de manière à ce que la loi puisse être pour l'un et l'autre un guide certain.

Ainsi, la société en général doit prendre pour type l'homme en particulier, qui, par l'union de son intelligence avec des organes, lui offre l'image de ce que doit être un véritable gouvernement représentatif. Pour ce qui concerne l'homme, il n'a pas dépendu des organes d'appeler telle ou telle intelligence à les diriger, de même qu'il est interdit à l'intelligence de changer ou de détruire ses organes sans périr avec eux.

Est-il donc si difficile de réunir toutes ces conditions, et de fonder enfin le gouvernement représentatif sur les véritables bases qui peuvent seules le maintenir dans son essence réelle ?

Est-il donc impossible de comprendre aujourd'hui, ce qu'il y a eu d'exclusif et de mal fondé dans les prétentions, soit des gouvernements qui se sont succédé, soit de la représentation ?

Faut-il faire un crime aux uns ou aux autres, à tous peut-être, de ce que l'expérience n'avait pas encore décidé, et de ce qu'ils se sont trompés dans une appréciation qui n'est pas encore générale ?

A toutes ces questions nous répondrons formellement *non*. Le moment est venu de faire comprendre à chacun la vérité tout entière. Les passions politiques se sont calmées ; les illusions se sont évanouies ; et si, au milieu d'une révolution qui menace de tout remettre en question, il y a une agitation qui soulève des volontés divergentes, il n'en est pas moins certain que le morcellement à l'infini des anciennes opinions, l'incertitude sur l'efficacité des moyens à prendre pour nous relever, ont inspiré à tous les hommes sages et consciencieux la volonté de rechercher les causes du mal, pour les faire disparaître sans retour. Encore un peu de temps, et, après tous les mécomptes qui ont suivi chacune de nos transformations constitutionnelles, nous saurons profiter, nous en avons l'espoir, de l'expérience d'un passé, qui est un livre dans lequel nous n'avons qu'à lire.

La France veut, avant toutes choses, le triomphe de la loi sur toutes les prétentions particulières ; par conséquent, elle ne supportera l'absolutisme sous aucune forme, pas plus sous celle d'une majorité ou d'une dictature, que sous celle d'un roi. La confusion, la corruption et le découragement dans lesquels nous sommes tombés, proviennent de ce qu'on s'est toujours trompé jusqu'à présent ; de ce qu'après avoir tout détruit, nous n'avons rien remplacé, et de ce que tous les moyens employés depuis soixante ans sont usés. Cherchons-en d'autres qui

soient conformes aux lois imprescrip-
tibles de la providence, et nous verrons
renaître la confiance par l'ordre, qui
comprend à lui seul toutes les conditions
de liberté et d'autorité. La première de
ces conditions sera d'organiser le pouvoir électif et le pouvoir exécutif. (*Le
Présent et l'Avenir*, p. 65 et suivantes.)

Nous n'avons plus à nous occuper de
l'organisation du pouvoir exécutif ; les
évènements ont prononcé pour le moment. Cette grande tâche est remise entre les mains des républicains de la veille,
qui prétendent avoir le droit de la remplir à eux seuls. Nous ne pouvons résis-
ter à un torrent qui entraîne tout à sa
suite. On veut encore essayer ; nous le
voulons également ; nous le voulons
franchement, car si le problème est ré-
solu par ceux qui sont aujourd'hui à l'œuvre, s'ils peuvent enfin parvenir à con-
cilier l'autorité et la liberté de manière

à faire le bonheur de notre belle patrie, nous serons les premiers à applaudir, à les proclamer de grands citoyens, et à reconnaître loyalement que nous nous sommes trompés. Il est cependant un point hors de toute contestation à nos yeux, une nécessité première dans laquelle réside toute la difficulté. Nous devons la signaler : c'est celle de constituer d'une manière indépendante et distincte les deux forces d'action et de direction. Si l'on veut de nouveau faire dépendre l'autorité d'une majorité élective, réunissant en elle-même tous les pouvoirs qui sont compris dans la souveraineté absolue, nous serons encore livrés alternativement à la violence et à la corruption, parce que l'autorité ne pourra se soutenir qu'à l'aide de l'un ou de l'autre de ces deux moyens anti-sociaux. Il y a là un écueil qu'il faut éviter à tout prix. Non-seulement la liberté, mais encore l'existence même de la société en dépend.

Nous venons de dire que les limites d'action du pouvoir exécutif et celles du pouvoir électif doivent être nettement tracées et définies, de manière à ce que la loi puisse servir de guide certain. Il faut donc que l'application de la loi soit une nécessité supérieure à la volonté du gouvernement et de la chambre.

En principe, celui qui fait la loi ne doit jamais l'appliquer, sous peine d'arriver bientôt à un despotisme sans bornes. Il faut donc établir un pouvoir dont la mission spéciale soit de garder le dépôt de la loi créée, et de la faire respecter envers et contre tous. Ce pouvoir ne peut résider ni dans le gouvernement ni dans la représentation, puisqu'il est destiné à les rappeler tous deux à la vérité légale. Il faut le placer ailleurs; la liberté n'existera qu'à cette condition.

Nous avions traité cette question dans l'une des deux parties de notre écrit que nous ne publions pas en ce moment. Elle est d'une importance majeure et nous y reviendrons probablement plus tard. Sans entrer dans des détails qui seraient trop longs, nous dirons, en peu de mots, comment nous comprenons cette puissance de la loi qui doit maintenir l'ordre et l'équilibre dans toutes les fonctions sociales.

Les avis sont partagés sur la nécessité d'une seconde chambre politique. Les uns n'en veulent pas, les autres la regardent comme l'un des éléments les plus indispensables de la constitution politique. Nous croyons, nous, qu'elle est non-seulement inutile, mais encore impossible. L'expérience nous sert de guide à cet égard, et nous n'avons qu'à jeter les yeux sur l'histoire de la chambre des pairs, depuis 1814, pour nous pénétrer de cette vérité : que son initiative a été nulle toutes les fois qu'elle aurait dû se produire. Mais, si elle s'est effacée sous le rapport politique ; si la force des choses, force qui est toujours supérieure aux volontés humaines , si la force des choses l'a , deux fois desuite , fait descendre de son piedestal pour la détruire, nous n'en devons pas moins reconnaître sa grande utilité comme cour supérieure de justice ; tant il est vrai que les institutions ont toujours une tendance marquée à prendre la place qui leur convient naturellement , et à rendre les services qui sont dans leurs attributions véritables. C'est ainsi que la chambre des pairs était une nécessité de premier ordre , comme cour judiciaire , pour tout ce qui était crime politique ; c'est ainsi qu'en suivant attentivement le développement logique des différentes institutions sociales , nous sommes arrivés à ne plus vouloir qu'une seule chambre politique : celle qui est élective, et à remplacer la chambre des pairs par une cour spéciale, chargée de recevoir la loi toute faite, de la conserver et de l'appliquer toutes les fois qu'elle en sera requise, soit par le gouvernement, soit par la représentation.

Le nom ne fait rien à la chose ; on peut indifféremment l'appeler cour des pairs, chambre supérieure de la cour de cassation, conseil d'état, etc. L'essentiel est d'en avoir une qui soit indépendante, et qui ait toujours la volonté comme le pouvoir de proclamer hautement l'esprit de la loi.

Gardienne vigilante et ferme de la loi, dont elle aurait la mission de faire sentir la puissance à quiconque voudrait s'en écarter, cette cour devrait avoir un droit consultatif sur tous les projets de loi en discussion, pour donner son avis sur l'harmonie qu'il est indispensable de conserver entre eux et la législation en vigueur ; mais il faudrait borner à des avis et à des observations une action législative dont elle ne devrait avoir l'initiative en aucun cas.

L'organisation du gouvernement, l'établissement d'une cour politique supérieure rentrent dans ce qu'on appelle la constitution. La loi électorale, jusqu'à présent, a été considérée sous un autre point de vue, et au lieu de l'écrire tout entière dans le contrat social, on s'est contenté d'en faire une loi organique qui peut être changée ou modifiée au gré des pouvoirs législatifs. C'est une grave erreur contre laquelle nous ne saurions trop nous élever. Tant qu'elle n'a été que la consécration d'un privilége en faveur du petit nombre, on comprend que la loi électorale ne pouvait être que provisoire ; mais, lorsqu'elle établira d'une manière convenable les droits et les devoirs de chacun dans l'intérêt de tous, elle ne sera plus un accessoire de la constitution, mais bien la constitution elle-même tout entière. N'avons-nous pas fait, en 1830, une révolution pour conserver la loi électorale ? N'avons-nous pas fait hier une seconde révolution pour la détruire? Toute la question est là, sachons seulement en apprécier toute l'importance ; le reste n'est que secondaire.

La chambre représentative, ainsi que son nom lui-même l'indique, doit être l'expression de tous les intérêts, de tous les besoins sociaux, quels qu'ils soient. Elle doit agir sans cesse, et toujours militer en leur faveur. Pour remplir cette mission, elle a besoin d'une indépendance absolue vis-à-vis du pouvoir, et d'une connaissance approfondie de toutes les exigences raisonnables de la societé. Il est indispensable, en même temps, qu'elle ne puisse pas entraver les fonc-

tions gouvernementales par des prétentions contraires à son mandat, ou en dé-
hors de ce qui peut être utile.

Pour que la chambre soit la représentation de tous les intérêts, il faut nécessairement que ces intérêts puissent se manifester tels qu'ils existent, d'une manière
régulière et naturelle ; or, ils ne sont
pas les mêmes pour chacun en particulier, et personne ne peut les réunir tous;
il est donc indispensable de les formuler
séparément pour que tous puissent se
produire avec une égale liberté, avec
un égal droit de réclamer la part qui
leur est due. De là découle cette nécessité impérieuse de réunir et d'assimiler tout ce qui a des tendances semblables, pour en faire un seul corps dont
l'expression soit une véritable représentation. Si tous les intérêts sont également formulés et représentés, l'ensemble des représentations particulières for-

mera naturellement la représentation générale de la France.

La chambre élective doit être indépendante du gouvernement. Sa mission
est de défendre tous les intérêts qui lui
sont confiés ; elle doit consentir , en leur
nom , toutes les charges publiques , et
chercher à les rendre aussi productives
que possible ; elle a un droit de surveillance et d'observation sur tous les actes du pouvoir; elle doit donc avoir, sous
tous les rapports, une initiative complète
de contrôle , de réclamation , d'acceptation et de proposition. Si elle est sous
la dépendance du gouvernement, cette
initiative disparaît à l'instant, et elle ne
représente plus rien.

On n'obtiendra jamais que la chambre
ait une indépendance complète , si tous
ceux qui la composent ne sont pas dé-
gagés de tous liens vis-à-vis du pouvoir. Les députés ne peuvent réelle-

ment remplir leur mandat qu'à cette condition, qui les rend inahabiles à exercer aucun autre emploi pendant tout le temps de leur mission. Ainsi, le député ne doit être que député. Cette incompatibilité absolue entre les fonctions représentatives et toutes les autres, est une conséquence logique et nécessaire du régime représentatif ; elle est en même temps la meilleure de toutes les garanties contre la tendance qui porte les hommes à se servir des intérêts généraux pour leur avantage personnel , et , trop souvent, à les lui sacrifier, quand ils les représentent.

Admettons qu'il en soit ainsi ; que la chambre exerce tous ses droits en toute liberté, et que le député ne puisse être que député ; à l'instant nous obtenons le plus magnifique de tous les résultats ; nous n'avons plus de majorité disciplinée, plus de parti pris d'avance, plus d'opposition implacable ; tout est discuté avec conscience , avec le désir d'arriver à la vérité, parce que l'intérêt personnel n'est plus là pour l'étouffer. Lorsque le député ne pourra plus avoir de prétention pour lui-même , l'opposition perdra tout caractère d'ambition exclusive. Elle ne combattra plus pour détruire , elle n'attaquera plus pour remplacer, mais pour signaler le mal et concourir à sa répression. Le progrès ne sera plus un vain mot dans sa bouche ; ce sera une tâche dont elle préparera l'accomplissement futur, même lorsqu'elle se trompera ; parce qu'étant désintéressée, elle pourra ouvrir les yeux, et reconnaître son erreur. Alors elle ne sera plus une ennemie sans pitié qu'il faut désarmer n'importe comment; et ses objections, ses avis , ses conseils , seront pris en grande considération, parce qu'ils auront l'intérêt général pour mobile , au lieu de l'avoir pour prétexte.

Cette indépendance en face du pouvoir étant bien établie, le député doit être dirigé et maintenu dans sa conduite, comme dans son action, par le sentiment du devoir à l'égard de ses commettants. Il est leur mandataire, leur avocat, leur fondé de pouvoirs ; il est le dépositaire de leurs droits, de leurs intérêts ; il doit proposer, réclamer et consentir en leur nom ; il doit donc se pénétrer tous les jours davantage de ce qui peut les concerner, se trouver en rapports constants avec eux, leur demander sans cesse de nouvelles forces, de nouvelles lumières, qu'il ne peut avoir par lui-même, et leur rendre compte de tout ce qu'il fait.

La représentation ne sera sincère et nationale qu'à cette condition, qui enlève au député le pouvoir de décider toutes choses par sa seule volonté, et qui fait de lui l'expression toujours vraie des intérêts qui lui sont confiés. Jusqu'à présent, il a été impossible d'établir la moindre responsabilité pour les députés. Il en sera de même tant que les élections ne se feront que par des réunions d'hommes pris au hasard, sans qu'aucun intérêt vienne leur donner une impulsion et une volonté uniformes. Il y aurait un trop grand danger à couvrir la France de réunions politiques agissant en toute liberté. On retrouverait en elles, comme à la chambre ; majorité, minorité, incertitude du lendemain par le travail de composition et de décomposition, entraînement, passion et aveuglement. L'abus des influences se ferait sentir plus que jamais, soit en faveur, soit contre le gouvernement ; et le député serait complètement annulé, parce qu'il ne pourrait jamais compter sur rien de certain.

Toutes ces difficultés, tous ces dangers disparaîtront et feront place à une garantie positive en faveur de l'ordre, de la justice et de la liberté, lorsque le pouvoir électif sera constitué de telle sorte que les électeurs se trouvent dominés par une pensée qui les pousse invariablement vers un but d'intérêt général. Alors la liberté ne consistera plus à nommer, tous les cinq ans, un certain nombre de représentants, qui sont autant de souverains absolus, et qui peuvent faire le mal comme le bien ; mais chaque citoyen conservera toute sa valeur personnelle ; et son action politique ne sera plus une déception. Il est possible que les députés perdent une partie de l'importance extra-légale qui s'était attachée à leurs fonctions ; il est certain qu'ils n'iront plus à la chambre pour avancer et y faire leurs affaires particulières ; mais ils gagneront en dignité, et la France sera véritablement représentée.

La loi électorale ne doit pas seulement organiser la représentation de tous les intérêts ; elle doit encore leur accorder un droit de surveillance , de police , de conseil et de répression qui puisse s'exercer, de la part de chacun d'eux sur lui-même. Ainsi , la science surveillera tout ce qui sera science , l'agriculture, tout ce qui dépendra de l'agriculture , le commerce , tout ce qui se rapportera au commerce , etc....

Cette attribution est naturelle, et doit produire les meilleurs résultats. Nous voyons, en effet , que le gouvernement est impuissant à réprimer les désordres qui se produisent dans toutes les parties de la société. Il y a là une infinité de détails qui lui échappent le plus souvent. Il arrive même, en certaines circonstances, que ses agents ont intérêt à tolérer, ou parce que c'est un moyen d'influence, ou parce que le trésor en profite. Si les intéressés étaient appelés à se prononcer, il ne devrait plus en être ainsi, par la raison qu'ils ne pourraient jamais consentir à des abus dont la conséquence est un préjudice général.

Nous ne voulons pas entrer ici dans les dévoloppements de cette nouvelle question que nous ne faisons qu'indiquer. Elle demande des études et des connaissances spéciales pour être résolue convenablement. Nous ferons remarquer, cependant, qu'elle est une conséquence naturelle du droit de représentation et d'association, et qu'elle nous ramène à cette ancienne maxime française : *que chacun soit jugé par ses pairs.*

Il n'y a que le temps qui puisse amener successivement toutes les conséquences d'une bonne organisation représentative. Les vouloir toutes à la fois serait peut-être compromettre l'avenir, parce que l'expérience seule doit décider sur le moment ou sur la forme. On doit prévoir ce qui résultera naturellement de telle ou telle institution , mais lui laisser l'espace libre pour qu'elle puisse produire tous les bienfaits qui dépendent de son application. Le droit de surveillance, que nous proposons d'attribuer aux différents corps d'intérêts , est un besoin social qui tendra toujours à se manifester , et qui doit être accordé plus ou moins prochainement. Il résulte de toute association ; et nous voyons qu'on a été forcé d'y revenir partiellement par la création de syndicats de conseils de prud'hommes , qu'il ne s'agira plus que de généraliser , lorsque , plus tard , le moment sera venu. D'ailleurs , est-ce que le commerce n'a pas déjà ses tribunaux particuliers ? Est-ce que le clergé , la magistrature n'ont pas des conseils spéciaux de surveillance et de discipline, pour régler et diriger tout ce qui se rapporte directement à la religion, à la magistrature ?

D'après ces principes, dont nous avons cherché à démontrer l'évidence et la nécessité, nous allons reprendre notre proposition d'organisation représentative, et lui donner une forme complète, pour la mieux faire comprendre.

Dispositions générales.

ART. 1er. Tous les Français, ayant atteint l'âge de vingt-cinq ans, et jouissant de l'exercice des droits civils, sont appelés à concourir également à la nomination de la représentation nationale.

ART. 2. La représentation nationale se compose de la réunion de toutes les représentations des intérêts sociaux. Chacun de ceux-ci est appelé à se formuler séparément.

ART. 3. Dans ce but, la représentation nationale est divisée en six éléments différents, qui sont chacun l'expression d'un intérêt déterminé, savoir :

1° La Religion et la Science ;

2° La Justice ;

3° L'Agriculture ;

4° Le Commerce ;

5° L'Industrie ;

6° Les Arts et Métiers.

Art. 4. La France est divisée en trente cercles politiques, déterminés par un tableau annexé à la loi.

Art. 5. Chaque cercle renferme en lui-même une représentation spéciale et indépendante de chacun des six intérêts.

Art. 6. La représentation d'un intérêt, dans le cercle, nomme un député chargé de composer, avec ceux des vingt-neuf autres cercles, la représentation générale de l'intérêt dont il est l'organe dans la chambre nationale.

Art. 7. La représentation d'un intérêt, dans le cercle, est composée :

1° Pour la Religion et la Science,

D'un délégué du clergé, par diocèse, d'un délégué des cultes dissidents, s'il y a lieu, par département, et d'un délégué de chacun des corps scientifiques.

2° Pour la Justice,

D'un délégué de chacun des corps judiciaires, et de tout ce qui se rapporte aux différentes magistratures sociales, cours, tribunaux, etc...

3° Pour l'Agriculture,

D'un délégué du comice agricole établi dans chaque canton.

4° Pour le Commerce,

D'un délégué de chacun des syndicats des différentes branches de commerce, établis par arrondissement.

5° Pour l'Industrie,

Comme pour le Commerce.

6° Pour les Arts et Métiers,

Comme pour le Commerce et l'industrie.

Art. 8. La période représentative est de sept années consécutives.

Art. 9. Pour être élu, à quelque degré que ce soit, il n'y a pas d'autre condition à remplir que d'avoir trente ans accomplis, et de jouir de l'exercice de tous les droits civils.

Formation et attributions des corps scientifiques, religieux et judiciaires, des comices, des syndicats du commerce, de l'industrie et des arts et métiers.

Nota. Nous prenons l'agriculture pour type, sans nous occuper des autres intérêts qui doivent être organisés chacun d'une manière spéciale, de manière à pouvoir se produire avec le plus d'avantage et de régularité.

Art. 10. Le délégué du canton, appelé à concourir à l'établisssment de la représentation agricole dans le cercle, est nommé par un comice composé d'autant de membres qu'il y a de communes dans le canton.

ART. 11. L'universalité des propriétaires et des cultivateurs de la commune, sans autre condition que celle de posséder une parcelle du sol ou une charrue attelée, nomme les membres du comice.

ART. 12. Le comice agricole, composé d'un représentant par commune, se constitue par la nomination d'un président et d'un secrétaire.

ART. 13. Il se réunit quatre fois par an, immédiatement avant et après les deux sessions annuelles de la chambre agricole du cercle, ainsi qu'il sera dit plus loin. Il discute et décide tout ce qui se rapporte à l'intérêt agricole du canton qu'il représente ; il reçoit le rapport de son délégué à la chambre du cercle sur l'action qu'il y a exercée, et sur les résolutions prises.

ART. 14. Il nomme une commission chargée de surveiller tout ce qui tient à l'agriculture. Cette commission doit être permanente et revêtue de tous les pouvoirs des conseils de prud'hommes.

ART. 15. Le comice reçoit, par l'intermédiaire de ses membres ou par les maires des communes, toutes les réclamations et observations relatives aux intérêts de l'agriculture ; il les discute, les approuve ou les rejette. Toute réclamation ou observation approuvée par le comice est mentionnée sur un registre spécial. Elle devient réclamation ou observation du comice entier. En temps utile, elle est remise au délégué du canton pour être soumise à la décision de la chambre du cercle.

ART. 16. Dans l'intervalle de ses réunions, le comice est représenté par son président , excepté pour les attributions de la commission permanente de surveillance. Il peut convoquer le comice toutes les fois qu'il le juge nécessaire.

Attributions des chambres d'intérêt dans les cercles.

ART. 17. Toute chambre représentative d'un intérêt, dans le cercle , se réunit séparément au lieu indiqué par le tableau annexé à la loi , le premier octobre de chaque année. Elle nomme un président , deux vice-présidents et deux secrétaires pour tout le temps de la période représentative, vérifie les pouvoirs des délégués , et donne avis de sa constitution définitive à l'autorité administrative supérieure du cercle.

ART. 18. Elle reçoit, par l'entremise des délégués, toutes les réclamations , toutes les observations qui ont été for-

mulées par les comices , les corps constitués ou les syndicats , suivant l'intérêt ;
elle les discute , les approuve ou les rejette ; elle discute approuve ou rejette
également tout ce qui est proposé dans
la limite de l'intérêt qu'elle représente.
Ce qui est approuvé par la majorité de la
chambre est inscrit sur un registre spécial, dont un double est remis au député,
pour qu'il puisse en poursuivre la réalisation dans la chambre nationale.

Art. 19. Les chambres d'intérêt se
réunissent de nouveau , le premier mai
de chaque année , pour recevoir du député le compte-rendu de tout ce qu'il
a fait ou de ce qu'il n'a pu faire.

Art. 20. Dans l'intervalle des sessions,
les présidents représentent les chambres
des cercles d'une manière permanente.
Ils sont en correspondance avec les
présidents des corps constitués , des comices ou des syndicats , chacun suivant

l'intérêt ; ils leur transmettent ou reçoivent d'eux tous les avis, toutes les
instructions qui peuvent les concerner ;
ils sont également en correspondance
avec leur député, lui font toutes les observations qu'ils jugent convenables, et
doivent s'entendre avec lui sur l'action
qu'il exerce dans la chambre nationale.

Art. 21. Dans la session de mai, le
président rend également compte à la
chambre du cercle de l'initiative qu'il a
dû prendre, et de tout ce qui a rapport
à ses fonctions. S'il y a dissidence entre
lui et le député, il en explique les causes, il en présente les conséquences, et
il se soumet, ainsi que le député, à la
décision de la chambre.

Art. 22. Le gouvernement est représenté, dans les chambres d'intérêt des
cercles, par un commissaire qui a le droit
de prendre la parole, toutes les fois qu'il
le juge convenable.

*Attributions de la Chambre Natio-
nale.*

Art. 22. La chambre nationale se
réunit auprès du gouvernement, le premier décembre de chaque année. Les députés s'assemblent par spécialités, dans
les bureaux du palais représentatif,
pour former la représentation générale
de chaque intérêt.

Art. 24. Au commencement de chaque période représentative, les députés,
réunis dans leurs bureaux respectifs, sous
la présidence du doyen d'âge, vérifient
les pouvoirs et nomment un bureau composé d'un président, d'un vice-président
et de deux secrétaires. Chaque bureau
nomme un candidat à la présidence de la
chambre et un secrétaire. Il donne avis
de sa constitution aux autres bureaux
et au gouvernement.

Art. 25. Sur les six candidats présentés par les bureaux, la chambre réunie choisit son président. Les cinq autres sont les vice-présidents; et le bureau de la chambre, et la chambre elle-même se trouvent constitués.

Art. 26. Lorsque les bureaux sont constitués, chacun d'eux dépouille les instructions, les observations et réclamations de ses membres. Il les discute, les approuve ou les rejette. Tout ce qui est approuvé par le bureau est formulé de nouveau, et transmis au gouvernement, pour qu'il y avise, et qu'il en fasse, s'il y a lieu, un texte de loi à proposer.

Art. 27. Toute proposition de loi, est déposée entre les mains du président de la chambre, qui en donne une copie à chacun des bureaux. Chaque bureau discute le projet de loi, et nomme deux de ses membres pour faire partie d'une commission générale, sur le rapport de laquelle la chambre réunie est appelée à se prononcer. Lorsque la discussion est terminée, chacun des bureaux donne son vote séparément, *oui* ou *non*. S'il y a partage égal, le gouvernement décide du rejet ou de l'acceptation de la loi, selon qu'il le juge convenable.

Art. 28. Toute proposition d'amendement à un projet de la loi doit être formulée par un bureau, et remise à la commission, avant la discussion générale.

Art. 29. Toutes les fois qu'un projet de loi doit avoir un but spécial, c'est-à-dire concernant particulièrement l'un des intérêts généraux, le gouvernement ne peut le présenter à la chambre qu'après s'être mis d'accord avec celui des bureaux qui représente l'intérêt.

Art. 30. Cependant, si, deux années de suite, le gouvernement ne parvient pas à s'entendre avec ce bureau,

il peut passer outre, à la troisième année,
et présenter le projet de loi à la chambre ; mais , dans ce cas , il ne peut être
adopté qu'à la majorité des deux tiers ,
quatre bureaux contre deux.

Art. 31. De même , si , deux années
de suite , le gouvernement refuse de
présenter une loi réclamée par l'un des
bureaux , la troisième année , ledit bureau peut la présenter lui-même à la
chambre , et l'imposer au gouvernement, si elle obtient une majorité des
deux tiers.

Art. 32. Le budget est divisé en
deux parties distinctes : l'une , sous le
nom de budget normal , voté pour toute
la période représentative ; l'autre , sous
le nom de budget supplémentaire , voté
chaque année pour un seul exercice.

Art. 33. Le budget normal est préparé par le gouvernement , proposé à la
chambre dans la première session ,

examiné et débattu dans toutes les sessions suivantes, et voté à la dernière, de manière à ce qu'il devienne la loi financière de la période représentative suivante. A cet effet, il est nommé, dans la première session, une commission du budget, composée de deux membres par bureau. Lorsqu'il y a lieu, les membres de cette commission soumettent à leurs bureaux respectifs, toutes les difficultés qui peuvent se présenter, pour les résoudre d'après leur avis.

Art. 34. La chambre ne peut refuser le vote du budget normal. Elle ne peut réduire les évaluations proposées par le gouveruement, au-delà d'un quarantième de ce qui a été fixé pour le budget en exercice, à moins qu'elle n'en soit d'accord avec le gouvernement.

Art. 35. Toute demande de budget supplémentaire peut être rejetée par la chambre.

Rapports entre la Chambre et le Gouvernement.

Art. 36. Au commencement de chaque session, le gouvernement rend un compte général à la chambre sur la situation intérieure et extérieure.

Art. 37. Toutes les fois que le gouvernement le juge convenable, il peut provoquer un vote de confiance préparé dans les bureaux, en séance secrète, et rendu, dans la chambre, en séance publique, sans discussion.

Art. 38. Les ministres sont représentés devant chaque bureau par un commissaire spécial, à leur nomination; celui-ci a le droit de prendre la parole toutes les fois qu'il le juge convenable. Lorsque la chambre est réunie, les six commissaires se réunissent également, et ils ont les mêmes attributions devant elles.

Art. 39. Le gouvernement produit

toutes les pièces politiques qu'il veut soumettre à la chambre, sans que celle-ci puisse les exiger.

Art. 40. Toutes les fois qu'une ordonnance gouvernementale ou une mesure ministérielle paraît s'écarter de la loi, la chambre, sur la proposition de l'un de ses bureaux, peut dénoncer le fait devant le cour supérieure, qui décide s'il y a, ou non, illégalité. Dans le cas d'illégalité, l'ordonnance ou la mesure est rapportée et annulée.

Art. 41. Les ministres peuvent être traduits personnellement devant la cour supérieure, sur la demande de la chambre nationale, dans les cas de trahison et de concussion.

Art. 42. Le gouvernement a le droit de surveiller l'action représentative dans tous ses degrés, et de la maintenir dans les limites de la loi constitutive, en traduisant devant la cour supérieure toutes les résolutions et tous les votes qui s'en écarteraient, pour les faire annuler.

Art. 43. Les présidents de la chambre et des bureaux ont le droit de se rendre personnellement auprès du gouvernement, pour lui faire toutes les observations qu'ils jugent convenables.

Art. 44. Le gouvernement termine la session, du premier au quinze avril de chaque année.

Art. 45. Dans l'intervalle d'une session à l'autre, le gouvernement peut convoquer la chambre, s'il y a lieu, pour tout le temps qu'il juge nécessaire.

Art. 46. Dans aucun cas, le gouvernement ne peut dissoudre la chambre nationale ni les chambres d'intérêt dans les cercles.

Responsabilité des Députés et des Présidents.

Art. 47. Les députés à la chambre nationale, les présidents des chambres d'intérêt, dans les cercles, ne peuvent remplir aucune autre fonction, quelle qu'elle puisse être, pendant la durée de leur mission, même dans l'intervalle des sessions.

Art. 48. Les députés à la chambre nationale reçoivent un traitement fixe de six mille francs. Les présidents des chambres d'intérêt, dans les cercles, reçoivent également un traitement qui est de dix mille francs.

Art. 49. Les pouvoirs sont confiés pour toute la durée de la période représentative, c'est-à-dire pour sept années.

Art. 50. Cependant, lorsqu'après chaque session, les députés, les délégués, les représentants, ont rendu compte de leur mission, s'ils sont désapprouvés et

blâmés, les ayant-droit peuvent leur re-
tirer leurs pouvoirs par un vote réunissant une majorité des deux tiers des voix.
Dans ce cas, ainsi que dans ceux de
décès ou de démission, il est procédé
à l'élection d'un nouveau mandataire,
pour le temps qui reste à courir de la
période représentative. De même, les présidents de la chambre nationale, ceux des
bureaux des intérêts, ceux des chambres
d'intérêt dans les cercles, ainsi que ceux
des corps constitués, des comices, des
syndicats, peuvent être remplacés, sur
la décision des deux tiers des ayant-droit.

La loi électorale a, par elle-même,
une importance tellement décisive sur
notre avenir, que l'on ne saurait trop
méditer chacune de ses prescriptions.
Nous avons voulu la formuler avec une
espèce d'ensemble, pour montrer qu'on
peut traduire en pratique chacun des

principes que nous regardons comme fondamentaux ; mais nous sommes loin de penser que notre projet puisse demeurer tel qu'il est dans toutes ses parties.

Une seule personne ne peut suffire à l'examen approfondi de toutes les questions qui s'y rattachent, et qui demandent, pour la plupart, une expérience pratique et des connaissances spéciales que des commissions ne réunissent pas toujours, mais qu'on ne trouve qu'en elles.

C'est ainsi que nous avons laissé de côté la formation des corps scientifiques et judiciaires, celle des syndicats du commerce, de l'industrie et des arts et métiers. On comprend facilement qu'il faut laisser à chaque intérêt le soin de déterminer la forme qui peut être la plus convenable pour arriver à la représentation la plus naturelle et la plus avantageuse. Sous ce rapport, nous croyons que l'expérience est indispensable pour -

obtenir des résultats complets. On ne doit pas se flatter de les réunir tous dès le début, mais si les bases principales sont bien posées, si elles sont vraies et en harmonie avec ce que réclame la société, on peut les attendre avec confiance d'un avenir assez rapproché ; car il n'y a pas de principe qui ne produise ses conséquences, en dépit de tous les obstacles. D'ailleurs, en admettant que dans la première organisation, quelques intérêts ne soient pas classés de la manière la plus favorable, la grande liberté avec laquelle tous pourront se manifester, leur permettra de réclamer bientôt des changements qui seront trop naturels pour être refusés.

Nous avons cru devoir résoudre la question d'un traitement à donner aux députés, ainsi qu'aux présidents des chambres d'intérêt dans les cercles.

La loi *provisoire* du gouvernement

provisoire nous a enlevé l'initiative. En
vertu de ce principe, que tout homme
doit trouver, dans ce qu'il fait, les moyens
de subsister convenablement, nous avons
trouvé indispensable de leur accorder une
indemnité qui pût compenser l'exclusion
absolue de toute autre fonction. D'un
autre côté, s'il fallait supporter par soi-
même les frais qui résulteront toujours
de voyages à Paris et des séjours qu'il
y faudra faire, ceux de toute nature
qui seront imposés aux présidents, l'é-
galité devant la loi ne serait encore qu'une
fiction, et les personnes riches seraient
les seules qui pussent être appelées à
l'honneur de la représentation. Il y a
donc justice ; il y a plus, car le traitement sera une garantie de zèle et de dévouement pour le plus grand nombre
des élus.

Nous avons porté le chiffre de l'indemnité due aux présidents plus haut que

celui des députés. Avec six mille francs
pour six mois ; le député pourra se dépla-
cer et se soutenir parfaitement. Il n'en
serait pas de même pour les présidents,
qui auront, toute l'année, des frais de bureau et une représentation de tous les
jours.

Nous ne nous dissimulons pas les cri-
tiques de détail qu'on peut faire de notre
projet. Beaucoup seront fondées, sans
doute ; mais nous croyons que le cadre
auquel nous nous sommes arrêté permet
de résoudre toutes les difficultés, à mesure
qu'elles se produiront. Les habitants des
villes qui ne sont que propriétaires de mai-
sons, pourront se plaindre de ne pas trouver
leur place assez indépendante ; il est possible que le clergé et les corps savants ne
puissent se contenter d'une représentation commune, et que, pour leur conserver une liberté d'allure qui est de première nécessité, il soit utile de les laisser

se manifester séparément ; d'autres intérêts sont probablement négligés ; cela se
peut, mais nous le répétons, il sera
facile de donner satisfaction sur toutes
les objections fondées.

Quelques personnes ont trouvé qu'il y
avait une trop grande affinité entre l'industrie et les arts et métiers, pour en faire
deux corps séparés. Nous avons déjà ré-
pondu, par une lettre que la *Gazette de
France* a publiée en novembre dernier,
que nous entendions par industrie, le
capital et la direction de toutes les entreprises industrielles , à quelque titre que
ce fût ; et que, par arts et métiers, nous
avions voulu désigner tous les ouvriers
qui travaillent pour des maîtres , ou qui
ne vendent pas eux-mêmes, directement,
au commerce ou au consommateur le
produit de leurs mains. Il serait injuste
de les réunir, parce qu'on arriverait à confondre les intérêts des maîtres ou des en-

trepreneurs avec ceux des ouvriers. Dans
ce cas, des ouvriers seraient éternellement
sous la dépendance exclusive de leurs
patrons, ou bien ils leur feraient la loi,
et ne leur laisseraient aucune chance
d'indépendance, à cause de leur nombre,
qui sera toujours de cent à un. Il est donc
indispensable que la loi leur accorde, à
tous, une liberté d'action, sans laquelle
ils ne pourraient se soutenir ni les uns ni
les autres.

On a dit que notre système d'organisation était une utopie, plus ou moins in-
génieuse, qu'il serait impossible de réaliser dans la pratique. C'est là une réponse
stéréotypée à toute idée nouvelle, en at-
tendant qu'elle puisse se développer, se
faire comprendre et s'emparer du droit
de cité. Nous avons, au contraire, la
conviction la plus profonde d'avoir prévu
les tendances de l'avenir ; et nous trouvons, chaque jour, dans les évènements

de force majeure qui se passent sous nos yeux, la preuve que bientôt l'association viendra remplacer le désolant éparpillement qui isole tous les hommes les uns des autres.

Que sont donc ces tentatives de communisme qui effraient et révoltent tous les honnêtes gens ? Que sont tous ces systèmes phalanstériens et socialistes qui se discutent dans la rue ou dans les clubs ? Croit-on, par hasard, qu'il n'y a là qu'un prétexte pour arriver, par la politique, à des positions qu'on ambitionne ? Non ! Malgré les mauvaises intentions que l'on peut prêter à un petit nombre d'hommes, il n'y a pas moins un immense besoin social de faire cesser ce pêle-mêle général dans lequel les plus habiles seuls parviennent à se tirer d'affaire. Nous ne sommes plus qu'un énorme troupeau, sans lien comme sans institutions ; là est le problème, la difficulté tout entière

et non dans la forme politique du gouvernement, qui ne peut être qu'une conséquence et une consécration de l'organisation, au lieu d'en être le point de
départ. Aussi, tant que les nécessités
sociales ne seront pas résolues, il n'y
aura pas de gouvernement qui puisse se
soutenir au-delà d'un temps limité, qu'on
l'appelle république, monarchie ou dictature, peu importe.

Au milieu de ce vaste ébranlement
qui remue l'Europe tout entière, est-ce
que nous ne pouvons pas trouver la cause
volcanique qui revient sans cesse mettre
tout en question, et nous empêcher de
nous asseoir sur nous-mêmes ? Est-ce que
nous ne la reconnaîtrons pas à des signes
certains? N'est-elle pas, d'ailleurs, indépendante de toute force humaine, et
supérieure à toute souveraineté quel
que soit le nom qu'on lui donne? Est-
ce que le principe de l'égalité devant

la loi n'est pas aujourd'hui plus qu'un principe, c'est-à-dire, un fait accompli et hors de toute discussion? Pourtant n'a-t-il pas toujours été faussé depuis 1789? Est-ce que l'association n'est pas réclamée, de toutes parts, comme étant le seul remède à tant de maux?

Si donc l'égalité devant la loi est une nécessité devant laquelle rien ne peut prévaloir que pour un moment, si l'association est la seule voie ouverte pour notre salut, comment pourrait-on regarder notre proposition comme un rêve, lorsque sa réalisation amènerait, par l'association, l'application la plus large de l'égalité de tous les droits?

Voyez donc ce qu'a fait M. Louis Blanc, au Luxembourg, pour cette réunion d'ouvriers qui préparent un projet d'organisation du travail? Comment s'y est-il pris pour obtenir la représentation de tous les intéressés? N'a-t-il pas dit à tous : *réunissez-vous par corps d'état, nommez, chacun, des délégués; et nous entrerons en matière ?* Est-ce que cette réunion du Luxembourg est autre chose que la chambre d'intérêt des arts et métiers, pour les prolétaires de Paris? Est-ce que M. Louis Blanc, lui-même, est autre chose qu'un commissaire du gouvernement ?

Pourquoi ce qui se fait pour Paris, ne se ferait-il pas pour toute la France ? Pourquoi ce qui serait accordé aux prolétaires, ne le serait-il pas également aux autres intérêts de la société ? Est-ce que l'industrie n'a rien à réclamer ? Est-ce que le commerce est prospère ? Est-ce que l'agriculture reçoit toute la protection qui lui est due ? Est-ce que la justice et tout ce qui se rapporte aux diverses magistratures sociales sont dans une position normale ? Est-ce que la religion et la science n'ont pas le droit de prétendre à une place en rapport avec les immenses services qu'elles rendent ? Alors, si vous faites pour la religion et la science, pour la justice, pour l'agriculture, l'industrie et le commerce, pour tous les ouvriers de France, ce que vous venez de faire pour les seuls ouvriers de Paris, où sera l'expression de tous les besoin sociaux ?

Ce n'est pas tout encore ! on vient de promettre aux ouvriers de Paris qu'on leur laissera nommer, auprès de l'assemblée nationale, un délégué de chaque corps d'état.

Entendez-vous ? Un délégué de chaque corps d'état !

C'est une justice pour eux ; mais comment en refuser une semblable à toute la France, qui la réclamera bientôt ?

Généralisez donc ce qui peut être bien et bon, et réfléchissez ensuite. Où arriverez-vous, si ce n'est à couvrir le sol de la patrie, de chambres d'intérêt qui militeront sans cesse en faveur des besoins réels? Où sera donc alors la véritable base de la représentation nationale, si vous ne la trouvez là ?

Ah ! qu'on ne vienne pas dire que notre proposition est une utopie ! elle peut n'être pas complète ; elle peut renfermer des conditions qui ne soient pas les meilleures ; cela tient à notre insuffisance, mais la discussion éclaircira bien des difficultés, et l'expérience apportera chaque jour un nouveau progrès. Sachons seulement ouvrir les yeux et voir !

Comparerons-nous notre projet à ceux qu'on n'a essayés que pour en recueillir des mécomptes? à ceux, à peine ébauchés, qu'on a proposés sans se donner la peine de prévoir leurs résultats les plus probables ? N'a-t-on pas provoqué la haine entre le pauvre et le riche, par une exploitation qui était devenue insuppor-

table ? A-t-on réussi à autre chose qu'à
livrer la société désarmée à une foule d'in-
trigants et d'habiles, qui ne se servaient
des grands mots de liberté et de patrie,
que pour arriver plus sûrement à leur but
d'intérêt personnel ? Conservateurs, libéraux, radicaux, socialistes, tous ne
veulent-ils pas exclure, dominer et exploiter quiconque n'est pas avec eux et
pour eux ? Est-ce là de la *liberté*, de
l'égalité et de la *fraternité*?

Que demandons-nous donc, nous, qu'on
ose appeler, dans d'insolentes circulaires,
les ennemis du peuple, si ce n'est la réalisation la plus large de cette devise, que
nous voulons faire reposer sur l'honneur,
sur la probité et sur l'amour de la patrie?

Le projet que nous proposons ne tend-
il pas à une conciliation générale, en
détruisant toutes les nuances d'opinion,
en effaçant toutes les distinctions qui
sont un sujet de jalousie et d'hostilité,

et en portant les hommes à chercher des frères, là où ils ne voient maintenant que des rivaux et des ennemis? Avec lui, nous ne devrons plus avoir ni royalistes, ni conservateurs, ni libéraux, ni républicains; les anciennes dénominations de nobles, de bourgeois et de peuple n'auront plus de sens; et la France n'aura plus que des citoyens, qui seront réellement égaux, quelles que soient leurs différences de position.

Qu'on nous juge donc pour ce que nous sommes, et qu'on décide ensuite!

Il est vrai que nous avons cru à des nécessités sociales qui sont au-dessus de toute souveraineté, et qu'on ne peut méconnaître impunément. Parmi elles, trois surtout nous ont paru en dehors de toute discussion.

La première, qui est revenue à chaque instant sous notre plume, est celle d'une égalité absolue devant la loi.

La seconde, celle d'un pouvoir représentatif existant par lui-même, en vertu
de son droit et de l'organisation sociale,
ayant une indépendance complète et une
action toute tracée, et ne pouvant pas
plus se laisser entraver dans son essor ré-
gulier, que gêner l'exercice des prérogatives légales du gouvernement.

Enfin, la troisième, qui est celle d'un
pouvoir exécutif, inébranlable dans sa
base constitutive, irresponsable et invio-
lable pendant sa durée légale, mais res-
ponsable dans son action, par ses ministres
et par ses agents.

Sommes-nous dans l'erreur? Tout nous
dit que non ; bientôt l'avenir aura décidé ; nous sommes à l'œuvre et nous ne
pouvons plus reculer. Deux routes se
présentent : celle que nous proposons
conduit à la véritable liberté, en conser-
vant toutes les garanties d'ordre et de
sécurité ; l'autre, que nous combattons

avec toute l'énergie de la plus vive con-
conviction, n'aboutit qu'à l'anarchie, à
l'impuissance, et, finalement, au despotisme d'un tyran, après celui des masses.
Nous ignorons ce que la France voudra,
le choix va dépendre de ses mandataires;
mais, dans tous les cas, nous aurons
rempli le devoir sacré d'un bon citoyen,
en cherchant à faire prévaloir ce qui
nous paraît être la vérité.

Arrêtons-nous donc, et résumons-nous
en peu de mots. Nous avons établi la
nécessité de deux pouvoirs indépendants
l'un de l'autre, ayant un même but,
l'intérêt général; s'appuyant mutuellement pour y parvenir, mais ne pouvant
jamais usurper l'action qui ne leur appartient pas.

Nous avons laissé la constitution du
pouvoir exécutif à ceux qui ont prétendu en avoir la mission spéciale, tout
en leur indiquant quelles sont les limites

hors desquelles ils ne feront que s'agiter dans le vide. Le pouvoir exécutif ne sera véritablement que la conséquence du pouvoir électif. Tant que celui-ci ne sera pas ce qu'il doit être , il n'y aura rien de stable.

Pour obtenir que les deux actions gouvernementale et représentative soient parallèles, qu'elles ne se confondent jamais, et qu'elles ne puissent se nuire réciproquement, il est de toute nécessité que le député soit complètement indépendant du pouvoir. Il faut qu'il puisse se décider uniquement en vue de ce qu'il représente , et qu'il soit toujours contrôlé et ramené aux conditions de son mandat, par ceux qui l'ont nommé.

Les électeurs ne pourront influer sur leur député, et lui tracer une marche assurée , que lorsqu'ils auront le droit de se réunir pour discuter et déterminer ce qui leur conviendra le mieux. D'un autre côté, les réunions électorales ne doivent jamais être hostiles au gouvernement, parce qu'il serait alors forcé d'agir sur elles, jusqu'à ce qu'elles fussent hors d'état de lui faire craindre un danger. Ce serait établir de nouveau la lutte qui dure depuis soixante années, et dans laquelle la représentation et le pouvoir ont été alternativement vainqueur et vaincu. Cette lutte sera impossible ou sans danger, toutes les fois que les réunions électorales auront un but déterminé, se rapportant à un intérêt général, par la raison que l'intérêt général est celui du gouvernement comme celui de la nation.

L'universalité des citoyens étant appelée au droit d'élire, et par conséquent au droit de contrôler ses mandataires, on doit fractionner l'élection, pour permettre à chacun de savoir ce qu'il fait, de connaître celui qu'il choisit, et d'apprécier l'emploi, plus ou moins satisfai-

sant, que le mandataire fait de ses pouvoirs. Dans cet ordre d'idées, la nécessité
d'assimiler tout ce qui et semblable, et
de séparer tout ce qui diffère, est également évidente, parce qu'on ne peut
laisser à la décision de chacun que ce qui
est à sa portée, et que l'homme ne juge
bien que ce qui se rapporte à lui ou à
ses occupations habituelles. Il résulte encore de là, qu'il est indispensable d'avoir
plusieurs degrés dans la représentation,
par la raison qu'au point de départ des
élections, tous ceux qui sont appelés ne
peuvent toujours comprendre les questions dans leur ensemble, mais sont
aptes, néanmoins, à désigner une personne connue, ayant les mêmes intérêts,
qui sera chargée de comprendre et de
décider pour eux.

Si la question est bien étudiée, si elle
est bien comprise, la nouvelle loi électorale réunira toutes les conditions que

nous venons d'énumérer. Elle fondera sur
une base solide le gouvernement représentatif, dont nous n'avons eu encore
que les inconvénients ; et la France re-
trouvera bien vite toutes les conditions
d'ordre, de liberté et de prospérité qui
la rendront la reine des nations. Mais si,
ce qu'à Dieu ne plaise ! on parvient seulement à créer une chambre souveraine
en tout et pour tout; si elle peut élever et
détruire le gouvernement, selon la pente
du moment ; si la majorité peut refuser
un budget, désigner ou renverser les ministres à son gré ; si, pendant la durée de
leur mandat, les députés conservent le
pouvoir de tout décider, d'après leur seule
volonté; s'il est possible d'arriver à la
chambre, et d'y rester tout en remplissant
d'autres fonctions; enfin, si les électeurs
continuent à être réunis au hasard, sans
présenter la moindre garantie à la société;
s'il suffit, pour avoir le droit de voter, de

payer une quotité arbitraire d'impôt, ou
d'avoir une capacité douteuse qui n'a de
réel que d'insatiables besoins à satisfaire,
n'importe comment ; si les électeurs ne
peuvent avoir entre eux aucun lien qui
les unisse, et qui leur donne naturellement des vues et des volontés semblables,
il n'y a plus qu'à se voiler la face avec
douleur, et désespérer de l'avenir, parce
que, dans l'état d'impuissance et de décomposition auquel nous sommes arrivés, nous n'avons plus assez de force,
ni de confiance en nous-mêmes pour ré-
sister aux chances de nouvelles épreuves,
destinées à soulever toutes les tempêtes
et à ramener tous les malheurs.

FIN.